AF599742

Ni por todo el salitre del Cantábrico

Unai Garate

Aliarediciones

Corrección: Eladia Guerrero
Maquetación: Aliar Ediciones

Depósito Legal: GR 1140-2024
ISBN: 978-84-10374-52-2

Impreso en España

Edita
ALIAR Ediciones
www.aliarediciones.es
info@aliarediciones.es

Ni por todo el salitre del Cantábrico

Unai Garate

PRÓLOGO

La música interior

Unai Garate Cotano nació en Bilbao en 1974 en un clima oceánico bajo un cielo algodonoso, abrió un poco más y cerró un poco más los ojos sobre su música interior, la que traduce las raíces de la realidad. Nuestra poesía.

Van a descubrir su trabajo en las siguientes páginas. Trabajo *estable,* porque tengo la intuición de que es una labor ineludible para él: compartir la existencia como un poeta-narrador.

Escribir y leer poesía es compartir nuestras soledades juntos, con una mirada cómplice, una sonrisa escuchada. Es decir: «Yo también vi la ceniza del cigarrillo caer al suelo y lloré».

Así que, cuando un cigarrillo se enciende en un poema de Unai, puedo verlo apagarse en uno de mis capítulos. Nuestras fantasías viajaron incluso antes de que nos conociéramos, nos leíamos mutuamente. Hemos dialogado sin saberlo; hemos viajado de París a Bilbao en el coche de un mismo juego de *arcade*. Me lo imagino: es un descapotable rojo que circula entre el País Vasco y la capital francesa. Habría palmeras en la autopista, música sintética, acordes menores, acordes mayores, latidos electrónicos. No hacía ni calor ni frío, *todo estaba bien*, era la temperatura ideal, la de los ojos que leen.

En ese trayecto encuentro el paraíso fatalmente perdido, el de la infancia. Pero encuentro más, encuentro otro idioma sin diccionario, esa lengua que es también la mía y que nació a finales de siglo, durante ese crepúsculo con banda sonora de MTV y la guerra del Golfo.

Chaqueta vaquera, vino, cena de Navidad, *aitite*, abuela, columpio, rubia *husky*... Es una memoria necesaria de la pérdida que vino o vendrá.

Yo misma ahora le doy unas caladas a un cigarrillo rubio y sorbo café: me siento aquí, en casa, y las páginas que siguen son un lugar de consuelo; el de la guerra de amor a nuestras vidas debilitadas por los discos duros que operan en sótanos.

Se lo prometo.

María Larrea

«Ahora que reconocía su soledad, también se sintió vivo. No había querido vivir. Estar vivo equivalía a recordar ríos fangosos poblados de peces veloces, el brillo del sol en el cabello de una mujer».

Desayuno en Tiffany's - **Truman Capote**

«I´ve been looking
for a woman...

... a woman with a feeling
of losing once of twice
who knows how it could be
tomorrow».

David Bowie

A Alaz,
a mi hermana Olatz,

y a mis amigas y amigos, y sus pormenores.

PREFACIO

Mi abuelo solía decir:
«En esta vida hay que tener anécdotas».

Yo no lo entendía.

A día de hoy,
sin darle mucha vuelta,
se lo repito a mis hijos.

ÉPICA

En un pórtico
apoyados en la puerta de un garaje,
compartimos un Lucky
esquivando sonoras goteras.

Me abrazas,
la chamarra calada.
Tus labios, tu cara, frescor de río.

Atravieso la lluvia
que empapa de lado
desinteresada y perpetua.
Tu habitación se enciende atrás
—como un reducto de vida—
y templa el edificio emborronado.

Cuánta épica aquel,
nuestro último día juntos.

AMA

Me acuerdo, *amatxu*,
de los caracoles que te hacías en el pelo
fumando Fortuna mentolado.

De los sábados
riéndote a carcajadas con las amigas
en el salón,
entre copas de clarete.

Me acuerdo cuando
en verano gritabas —mi nombre y el de Olatz—
desde el balcón
para lanzarnos el *bokata*.

Así —te recuerdo a veces—,
cerca;
con la sangre a punto
contra minotauros en laberintos,
cocheras abandonadas
y desprendimientos de roca
en apacibles y estrechas carreteras.

Ahí era
cuando
mejor me atrevía
a salir de casa.

ESCRIBIR

Cuatro desayunos
empantanan la cocina.
Nubes grises, plomizas,
atravesadas por una blanquecina luz solar.
La incertidumbre otoñal brilla,
se acuesta, duerme,
aburrida de sí misma.

Es la vida,
golpeando tu ventana.
Estate atento.

SÁBADO EN EL CENTRO

Gritos acompasados en la calle,
sirenas
y pelotas de goma.
Cristales de luna chillan y salpican la acera
como piezas de un puzle.

En el salón
aitite
fuma
de liar,
el Panasonic cuenta los minutos digitalmente,
en silencio
—los números en verde
ligeramente difuminados
en la semioscuridad—.

El jaleo afuera es tal
que parece llamar a la puerta.

Aitite se gira en su sofá,
me mira,
expulsa una calada,
vuelve la vista a la tele:

«¿Qué tal, chato,
los exámenes bien?»,
dice.

MALA NOCHE

A todas luces
un encanto.
De esas mujeres
que te miran
y saben cosas.
Había pasado mala moche,
me cuenta.

El rostro ladeado
sobre la palma
apoyada
en la luna del copiloto.
Su melena oscura cae
como abundante hiedra.

«Es un tópico, pero...».
Pausa.
Desvía la mirada al paisaje;
en su semblante ese irrefutable gesto
de lloro contenido.

«No hay más que observar
a una comunidad de vecinos
para entender por qué
la gente está tan frustrada.
Y sola».

Afirmo con la cabeza
e intento
romper el silencio.

Llega el peaje,
reduzco marchas.

ESTIGMA

Más de Eskorbuto,
Leño o Madonna
que de Valle Inclán,
Cervantes, decámetros o tangentes.
—Hay quien abarcaba todo—.

Académicamente
en el pelotón de atrás,
sin gloria;
llamando la atención
de manos y espíritus ausentes.
Lejos del notable *—oso ongi—*,
patrimonio de otra gente.

Valores estériles,
inservibles
para la serie
que se nos venía encima.

Como equivocarse en un cruce
a las afueras de la ciudad:

tiempo perdido
para seguir la rueda del resto.

«Que me quiten lo —mal— bailado»
nos queda pensar.

HISTORIA DE SIEMPRE

Aquella
ausencia
que te dolió.

Es como
la fiebre alta.

Te mueve
una y otra vez
sobre la misma escena.
Eres consciente a ratos,
y no puedes
salir.

CULTURAL

Mi padre
ya viejo
tiene el equilibrio
de un cabrito
entre barro.
—Él considera que no es así—.

En la comida navideña
antes de marcharnos,
mi tía le regala
dos bastones con empuñadura
morada,
de mujer
—de su difunta madre—.

Mi padre se aferra a ellos
con un liviano gruñido y
agradece el gesto.

«¿No se pensarán en la calle que soy *trans*?»,
dice antes de emprender la caminata hasta el coche.

INFLUENCER

En su día fue quien se ligaba a la repetidora
en la campa,
abrazados sobre chaquetas vaqueras.

Ese que aparecía en el instituto en moto,
y acaparaba todas las miradas;
ávidas de deseo,
inquietas de misterio.

La vida señalaba a sus referentes,

sin importarle una mierda
tu mirada incrustada en los árboles de siempre
a través de la luna del autobús.

NO ES FÁCIL

Cuando llegue a casa
y deposite su lustroso abrigo
en el perchero...

... y la intuyas ya resuelta en el hogar,
con vuestras dos peceras
de vino tinto
al calor de la noche...

pregúntale qué tal su día,
sus bretes.

Parpadea escrutando maneras y silencios.
No hables de la cena,
no narres tus encrucijadas.

Intenta acariciar,
no es fácil,
su halo de desencanto.

LA PUERTA DE LA CUADRA (LA BUREBA)

A la memoria de Abilio

Abilio;
pastor
asiduo a la taberna,
con arrugas en la cara
como venas de yegua.
Tachado de borracho perdido en el pueblo
solo hablaba con sus ovejas.

Lo espiábamos
algunas noches
agazapados entre paja de un remolque.

Bajo la luz de una farola
y lejanos ladridos de perro
intenta abrir la puerta de madera
de la cuadra.
Acomete embestidas,
no acierta,
se tambalea
como una mosca desorientada
contra una ventana.

Las vacas mugen dentro.
Abilio jura
y se cae al suelo
como los payasos del circo
—las piernas al cielo estrellado
con sus botas verdes de plástico—
provocando nuestra
ahogada carcajada de chavales.

La vida se muestra cruel.
Por lo que sea,
tenía que ser así.

TRÁNSITO

Una luz como de bombilla sin tulipa
inunda el compartimento.

Amanecer húmedo,
boca seca.
Afuera, una hilera de edificios altos
del color de la arcilla
con simétricas ventanas
de las que cuelga la ropa
bajo el cielo plateado.

La mujer de enfrente
no alza la mirada,
sus manos con sortijas
se aferran a su vientre y su bolso
mientras observa —al igual que yo— el paisaje.

El tren reanuda la marcha,
con esa inercia
de sirena de patio de colegio.

VIERNES ATARDECER

Salgo del metro,
la brisa me sabe a mar.

Lo veo claro:
va a ser una buena noche.

LA ESTIRPE DE LOS TRISTES

Poníamos *Lithium* de Nirvana
y a enfrentarse a la vida
con la fuerza de un bisonte
—no intuíamos el final—.

Luego
en aquel bar
riadas de gente,
la chamarra de invierno
pesada como un horno.
Te dejas llevar.

Mejillas y nariz roja
y a colocarse entre la multitud.
No bailas, no luces músculo en camiseta,
no estudias nada guapo,
no coges olas grandes
ni tocas en un grupo.

Casi siempre acababa igual:
cigarros contra la pared
en el portal de al lado,
compartiendo una cerveza en vaso de plástico
con alguien de tu estirpe
que al igual que tú se pregunta:
«En qué rotonda me he metido mal».

TEN FE

La luz cae
sobre un banco de nubes
que parecen arder
en silencio.

Más allá de la terraza
los colores captan tu atención.
Pestañeas y
balanceas tu copa,
pequeñas ondas de vino
te reclaman poderosas.

Sorbes y limpias
el labio superior con el otro.
Tu mirada se incrusta de nuevo
afuera.

No sufras hoy,
estamos vivos.

METÁFORA

¿Pero
quién coño
se encargó de que la expresión
los deberes sin hacer
perdurara
convertida en metáfora?

Maldita sea
su estampa.

Eskerrak
inork
ez dien
poetei
kasurik
egiten

horri esker
aske dira
nahi dutena
idazteko

baita
poesia
ez diren
gauzak
egiteko ere.

Harkaitz Cano

(*'Menos mal que nadie hace ni caso a los/las poetas / gracias a eso son libres para escribir lo que les da la gana / incluso para hacer cosas que no son poesía'*).

VHS

Dicho en plata:
fuimos niños del auge del porno.

Quedábamos en alguna casa libre
un rebaño de chicos surcando el pasillo.

El reproductor se tragaba la cinta,
todos en el sofá
—a gusto o no—
unidos en una causa
que no merece desgranarse más.

Y claro,
a partir de ahí
recular
como hiena amedrentada.

Tantas veces
volver a empezar,

y no siempre bien.

SEPTIEMBRE

Según empezaba el curso escolar
contaba los días que restaban
en el calendario de la cocina
para las primeras vacaciones.

Luego veía
en las películas
a los presos
hacer lo mismo:
tachar los días para el fin
de sus condenas.

Total,
la tristeza
descojonándose de mi niñez.

SALITRE

Tumbada
en penumbra
la matriarca.
Una luz
amelocotonada
de lámpara de mesa
reflecta alguna forma en la pared.

«Ni por todo el salitre del Cantábrico,
egoístas».

No dijo más.

Dio una calada
al cigarro que le acercó
a los labios desvaídos una de las hijas,
tosió con ligera
reverberación metálica,
como un quejido,
y se fue.

Las nueras y yernos,
exnueras y exyernos
no estaban presentes.

No eran de casa.

CUMPLEAÑOS

Quieres vida,
te inyectas alegría
y organizas una comida.
Hay quien se acuerda de ti,
y quien no.
A ratos
tu nombre
enmarcado en luces de neón
como en las películas de Robert Altman.

Siempre alguien
choca su copa de blanco
y te lo recuerda:
«Seguir ahí es ya mucho»
—no hay debate—.

Llega una etapa
en la que los cumpleaños
son como estar en una sala de espera,
prefieres no pensarlos demasiado.

NOVIEMBRE

Últimamente,
pienso mucho en *aita*.
Hablo poco con él,
o quizás hablamos, pero no decimos gran cosa.

Lee libros de la segunda guerra mundial
mientras escucha el informativo en *euskara*,
sin saber *euskara*.
Viudo,
con ilustre pasado en medicina;
congresos
trajín y sociabilidad,
mucho niño que curar.

Cuando llueve no sale,
pasa las mañanas y las tardes en casa.
La lluvia le cuesta.
Este noviembre
lleva siete días seguidos lloviendo.

CUARTO A

Qué habrá sido
de aquella familia
del cuarto.

Su piel deslavazada,
saludo y paso huidizo
hacia el ascensor.
Como espíritus que habitan
una sala sin luz natural
y alfombra raída.

Nunca
he podido evitar
recordarlos como
un puñado
de codornices
colgadas del cinturón
de la suerte.

VERANO DE TRIPAS

Al final de la playa
más allá de una acuarela de toallas
vista desde el sol.

Allí estabas,
en la ducha,
mis ojos de chaval
—como si fueran catalejos—
oteaban el agua desprenderse;
alzabas la cabeza distendida
retirando con ambas manos en las sienes la melena hacia atrás.
Las gotas resbalaban por tus mejillas,
limpiaban de salitre
el bañador de encaje negro.

Luego te tumbabas cerca de nuestras toallas,
con el *walkman*, seria e inexpugnable
—yo fantaseaba con estar a la altura de tus problemas—.
Gotas relucían y desaparecían en la piel.

Guardé el secreto;
la inquietud que me producía tu existencia,
bajo el techo, en mi litera.

Más adelante la vida
lo borró,
como el primer patio de columpios.

ENTRE SEMANA

Alguna nube dispersa
con mechas cobrizas
enmarcada en el horizonte azul claro.

El viento cálido
mueve las copas de los árboles.

Los berridos del niño —unos cuatro años—
recorren cada rincón del jardín del patio
hasta colarse en las viviendas.
Llora y jadea sin remedio,
su madre lo alza, lo abraza
escondiendo un gesto desalentado.

No quiere ir a la parada, al autobús.
No quiere ir a clase,
lo tiene claro,
sin matices.

Se meten en el coche,
la puerta trasera suena intratable al cerrarse.
La madre arranca y acelera con premura.
El ruido del motor se aleja,
la semana comienza.

A CASA (PRINCIPIO DE LOS 2000)

Rubia casi platino
y pelo corto cardado,
ojos de *husky siberiano*
va a parar, borracha, sobre mi cuello —sin querer—.
Al oído me dice:
«Nunca sueltas, ¿por qué no te dejas ir?»,
y se retira hacia la calle ladeándose con estilo.

Al cambiar de bar la veo,
contra la valla,
sujeta por una amiga a cada lado
que apartan hacia atrás su pelliza marrón oscura.
Vomita a la ría como si hubieran abierto un conducto
en una presa industrial.

Vuelvo a casa
en metro,
ti-ti-ti-ti
la puerta se cierra tras de mí,
me cuesta decidir dónde sujetar la mirada.

Las paradas van quedando atrás.
Andenes amarillados por gigantes farolas
para desperdigados viajeros.

Qué razón tiene la rubia *husky*.

JORNADA

Las ventanas en las casas
se resisten a airear
y golpean los marcos
como una jaqueca.

Hojas de arce doradas
a cada lado de la carretera encharcada.

El Cantábrico manda sus señales.

La mujer llega al claustro:
chubasquero largo,
botas Martins negras.
Deposita la chamarra en el respaldo de su silla,
enciende el portátil.

Los fluorescentes de las aulas van palpitando,
el eco de las primeras voces de alumnos
al fondo del pasillo.

Reflejadas en la pantalla,
surcan el flequillo
un puñado de incipientes canas.
La mujer desvía su mirada al móvil,
no tiene mensajes.
Marca el número de la peluquería.

FIN DE LA HISTORIA A VECES

La calma aúlla
entre la sala y la cocina.

Pronto se convertirá
en un intercambio
de quehaceres
mecánicos,
como repostar gasolina.

Algún que otro suspiro
de desdén
les recuerda
que poco queda
de aquello que construyeron juntos.

Tan solo
miradas cristalinas de gatos,
entre aspiraciones
y escombros.

MAÑANA EN EL PUERTO

Una gaviota aterriza desafiante
sobre una *txalupa*
en la rampa empedrada.

Mi amigo y yo, manos en los bolsillos de la parca,
comprobamos como la espuma acuchilla la roca.
La mar silba
del color de una riada selvática
y más allá,
la cadencia del humo del metal
sobre los tejados de la ciudad.

Al salir, dos chicas
nos saludan con un ligero gesto de cabeza
ataviadas con su capucha de neopreno.
Al agua.

Dejamos el culo al aire en el *parking*
al cambiarnos.
Un viejo
no nos quita ojo;
sentado en lo que parece su banco,
con *txapela*
y chaqueta de pana gorda XL,
posa una mano encima de la otra
sobre el mango del bastón.

Escruta sin disimulo
con sus cejas extrañamente oscuras
y carraspea.
Seguido,
confiando su vida
al bastón, se incorpora.
Las piedras redondeadas de la orilla repiquetean
al retirarse una ola.
El viejo se marcha hacia el puerto
a buscar algún resquicio de sus mañanas.

TRIUNFAR

Escuchar la puerta del portal
cerrarse a tu espalda.

Ese segundo
en el que la temperatura del cielo
aclara
el rostro,

sentir
el miedo
desvanecerse.

ESTEPA

El tren se detuvo
por avería.
Gente de todos los colores
aguardaba sentada al lado de las vías.
Kilómetros de maizal
a sus espaldas
bajo el azul interminable.

Me cogiste de la mano
y tiraste presurosa de mí
a través de las ramas de maíz.
Atravesábamos la tierra hacia dentro
como jabalíes.

Aquello no fue deseo,
era otra cosa.

MAÑANAS

Te levantas
aún de noche.

Escuchas el ronroneo de una fábrica
al otro lado.

Los faros de los vehículos
intercambian las primeras miradas
sobre el asfalto.

Siluetas estáticas
en las cocinas
con sus persianas a medio abrir.

Entretanto,
la nostalgia
mana
como una capa de hielo
sobre el coche.

LOCALIZAR

Una gaviota
planea sobre el instituto
como un mal augurio
—somos esa generación
que no puede sacarse *Pájaros*
de Hitchcock de la cabeza—.

El sol con tez febril
trata de derretir el rocío en los jardines.
La hierba lucha por brillar en el día.

Pones la calefacción
y sintonizas tu emisora.
La templanza y voz
de la presentadora
podrían destensar un acero.

Piensas un rato en ella.
Terminas diciéndote
que también tendrá sus problemas,
quizás engorrosos.

Sondeas tu rictus en el retrovisor
y te ríes algo forzado.
Enfilas la recta.

DOMINGO CLAREANDO

Las siluetas de los árboles
se balancean ligeramente
a los lados
sosteniendo el cielo
azul oscuro.

El tren luminoso atraviesa
la quietud
dejando su estela sonora
en las vías,
como un fantasma de la noche.

En tu cocina,
el tostador escupe
dos rebanadas de pan
algo quemadas
y te saca de tu letargo.

A través de la ventana,
tu mente viajaba
por caminos
inescrutables.

YA LO SABES TÚ

El sol invernal
empuja
y estampa sus rayos
en las cristaleras
como trazos de niño
en el vaho.

A ritmo de
brazada larga,
la piscina
parece un fogonazo de primavera.

Al salir del agua
notas una corriente fría,
la reconoces.

Es la melancolía.
Sabe que tiene la sartén por el mango.

ODA AL/LA QUE PADECE

Quien
al clarear
desciende
destrepa

calzadas
de musgo enraizado a la roca

la intuyes
la ves venir
como una ola orillera

te ancla
a la escarcha de la zarza
como un rechazo
de la palabra
madre:
amor

que no te elija a ti
que no te mire a los ojos
fija tu eje
en otro punto
aunque crujan
tus cervicales

no dejes que te cubra con su manto
de aluminio

es rápida
como cría de anguila
por las venas
—de tu arroyo—

te han enseñado
herramientas
los años
las gentes
para convivir
con el crepitar
de su fuego

no conviene
agazaparse
bajo la escalera
piensan los sabios
en sociedad
puede que
se cebe
precoz e inclemente
con sus sacudidas

desearías
relegarla

a un páramo
adusto
en lo alto de un puerto
de montaña
que espante
sus propios cuervos
que exhale
su brisa fría
y clara
aullando
entre ramas
raquíticas

eres pura voluntad
bombeando sangre
caliente
en la cabeza

eres tú
contigo
y decides

coges paso
firme
hacia
la farmacia.

AVENTURA

Las farolas
acarician la niebla
como nuevos amantes
en una mañana de hotel.

Cristaleras de un edifico
despiertan con su luz macilenta.
Parecen un puñado de luciérnagas
tras un velo oscuro,
y se recrean en la sensación de que
la vida
a veces, se reduce a eso:
trabajo.
—O falta de trabajo—.

Los niños pertrechados
con gorro y guantes de lana
enfilan su quehacer cotidiano.
Se pelean
con maña,
uno de ellos acaba tumbado
en el frígido cemento
a modo de protesta.

Caminas obligándote a sentir
los elementos,

las oportunidades
de la vida.

Tu aventura diaria da comienzo.
Hoy,
mejor no darle más vueltas.

RESENTIMIENTO

Caminar por delante del ventanal del salón
de casa de tus padres,

y volver a repetirte
que las cosas eran así,

y que no hubiera habido dios
que las cambiara.

LA CIUDAD

Las luces de los semáforos,
auténticas cocainómanas
del asfalto,
obligan a un puñado de taxis
a formar cola.

Taxis que piden
quienes anhelan volver a casa
y cerrarle la antigua puerta del portal
al destemple,
y la masa vigoréxica.

O aquellos
que sumidos en un abrazo extenso
—de esos que no se pueden explicar—,
cuando la piel se aviva a través
del jersey,
se separan.

De todo puede pasar.
También que camines
solo,
sonriendo sin contemplaciones

flanqueado por escaparates durmientes.

OBRA EN CASA

La mujer acude al salón
tras escuchar un silbido
y el grito: ¡Señora!

Todo es descaradamente blanco.
Las manchas en la escalera,
el relucir de la pared,
la brocha gorda,
el buzo del hombre,

blanco hasta la suciedad.

Siente una punzada
dentro,
un sofoco impertinente
entre el deseo y el miedo.
Se retira el flequillo a un lado.

Miedo a que la vida
no le ofrezca
mucho más.

DIRECTOR DE PRODUCCIÓN

Camisa imposible;
estampada con flamencos y monedas de bronce.
Ojos tan claros
que muestran sus cavidades.

Nada esconde su raíz
de latifundista vizcaíno
con decenas de hectáreas verdes.

Pasa la última página
y aplasta la encuadernación
bajo la palma de la mano.
Sonríe
con pinta de tener
tres exnovias
enterradas en el jardín.

«A ver,
¿en qué crees
que me soluciona esto a mí
la parrilla?»,
dice.

SUSTO

Te levantas,
una luz nítida como un sable brillante.
El tráfico fluye
cerca de tu ventana.
La vía regada gime y
te lo recuerda: te has dormido.

La vida se ha puesto en marcha,
—otros la han puesto, mejor dicho—
vas tarde.

EREAGA OLA URBANA

Perros han tomado
la orilla enmarañada
de ramas y troncos.
Babean, se acechan y tontean;
creen en sí mismos.

El salitre flota
y rasga la primera línea de ventanas.

Rocas oscuras
muestran sus puñales
al cielo,
imperiosas
en la marea.

El sol
aguarda
oculto y tibio.

Es uno de esos días
en los que se ve alma
en lo que no brilla.

SE ACABA EL FIN DE SEMANA

No te fías de la tarde,
como de un paso a nivel.

El sol se retira
dejando un débil
resplandor
en una esquina del patio
donde perecen tiestos secos.

Camino del baño,
no sabes muy bien por qué,
piensas en la tristeza
que solía mencionar tu madre.

SKATE PARK

Pretendidamente guapa o
no sabría cómo decir
—hay quien piensa que pareces la hermana mayor
de tu hija—.

Controlas la zona
con vista periférica,
pero parece que me miras,
eso a veces, aun siendo hombre,
se intuye.

Coges a tu niña,
os marcháis.
Que recoja el casco primero, bien educada.
Ligero saludo y vais dejando la pista atrás.
Giras el perfil una vez más,
nuestras miradas se rozan
durante un instante impreciso.
Te vuelves
y le hablas a la cría
aferrada a tu mano.

Mejor así.

LA VENTANA

Escuchas la lluvia
desprenderse mansa sobre el asfalto.

La calidez te envuelve,
como en un refugio
observando el chasquido del fuego.

Afuera medran todos esos
escorpiones
de suelo pladur de oficina
que mueven los hilos

y a los que todavía,
no sabes muy bien por qué,
no les terminas de gustar.

MI HEMISFERIO

Tú
que te debates
entre la insatisfacción
y la relativa calma
«madura ya» escuchas a veces.

La tele muestra
cómo en otras laderas las personas
mueren
sin ser preguntadas.

Te sientes mal
por los parajes del mundo
en los que
de un plumazo
para siempre el agua no cala.

Te asomas a la ventana,
las rosas rojas comienzan
a refulgir, a sentirse bien.
Un gato descendiente de tigres
te mira desde el respaldo de un banco
como si quisiera degollarte.

Te llama tu padre
pero
habla un policía:
«Tu padre
ha empotrado, por accidente,
el coche contra un escaparate
y está desorientado».

AUGURIO

A Jorge Zamora

Desgasta
como al barniz
en las caras sur de los balcones

pensar en la vejez
como un mismo camino
cada mañana,
hacia un punto.

Te conformas con
oír el canto de los pájaros
a tu paso,
o las puertas del autobús
de línea
abrir y cerrarse.

Te conformas con poder andarlo.

TRATA DE OLVIDARLO

El sol de mañana
libra su batalla
contra una opacidad gris-negruzca.
Orgulloso abre un claro
y se va aposentando.

El camino al trabajo
es más amable,
se puede mirar arriba,
a los árboles,
a los tejados.

Observas a una pareja adolescente
abrazada en un banco
con sus plumíferos blancos.
Las piernas cruzadas de ella reposan
sobre los muslos de él.

No puedes evitar
pensar en tu hipoteca,
ni en tus seguros.

LETANÍA

El calor
de las venas
se te hiela.

Otras veces
has estado
tan cerca
tú.

De noches
sin nombre,
de cobardes,
de curvas con barro
y cínicos al volante.

Ahora
es tu hijo;
deja la maleta,
se mete al autobús,
te saluda con la mano,
sonríe...,

... da la sensación
de que no te necesita.

ASÍ LAS COSAS

Interesante, maduro,
pasional, cercano o brioso.

Se te han caído todos los calificativos
con los que soñabas.

Prostático
es la palabra.

CONJETURAS SOBRE LA ALEGRÍA

Respiras
con el alma
enlatada,
acuosa.
Con la tensión de perderse en el bosque
de niño.

Te levantas exhausto,
ha sido un sueño.

No estás en el instituto
delante de un examen,
sumido en un brutal desasosiego
que ya conoces,
como si te fueras
a quedar tiempo allí.

Es tu cama,
las plantas te miran opulentas.

Ahora sí.
A este instante real
se lo puede llamar
felicidad.

TEXTURA

Camino bien hidratado,
sin estridencias.

A mi paso,
el viento sur
dirige
pequeñas coreografías
de hojas secas
sobre el pavimento.

Qué maravilla
es el optimismo.

CALMA (EPÍLOGO)

Desnuda
delante de ti
observa la quietud de las farolas
al otro lado de la ventana.

Amanece con claridad centrifugada;
familias de helechos centellean
en los caminos.

El viento sur
moldea las ondas.
La mar ordenada
—como un pantalón de pana—
murmura sus mantras.

Sin miedo alguno esta vez,
te adentras.

Eskerrik asko bihotzez
('Muchas gracias por todo'):

Irune Arana
Ibon Aguirre
Katrin Alberdi
Arrate Etxeberria
Joseba Garate
Marisa Gómez
Gorka González
Unai Lorente
Esti Losa
La Zurda arte tailerra

Eta bereziki sorkuntza hau hobetu izanagatik
('Y sin duda, por haber mejorado este proyecto'):

Patricia Castillo
Jon Gerediaga
Na Gomes
María Larrea
Aritz Merino
Carlos Portas
Jorge Zamora

Índice

PRÓLOGO 9
PREFACIO 15
ÉPICA 16
AMA 17
ESCRIBIR 18
SÁBADO EN EL CENTRO 19
MALA NOCHE 21
ESTIGMA 23
HISTORIA DE SIEMPRE 24
CULTURAL 25
INFLUENCER 26
NO ES FÁCIL 27
LA PUERTA DE LA CUADRA (LA BUREBA) 29
TRÁNSITO 31
VIERNES ATARDECER 32
LA ESTIRPE DE LOS TRISTES 33
TEN FE 34
METÁFORA 35
VHS 39
SEPTIEMBRE 41
SALITRE 42
CUMPLEAÑOS 43
NOVIEMBRE 44
CUARTO A 45
VERANO DE TRIPAS 46
ENTRE SEMANA 47

A CASA (PRINCIPIO DE LOS 2000) 48
JORNADA 49
FIN DE LA HISTORIA A VECES 50
MAÑANA EN EL PUERTO 51
TRIUNFAR 53
ESTEPA 54
MAÑANAS 55
LOCALIZAR 56
DOMINGO CLAREANDO 57
YA LO SABES TÚ 58
ODA AL/LA QUE PADECE 59
AVENTURA 63
RESENTIMIENTO 65
LA CIUDAD 66
OBRA EN CASA 67
DIRECTOR DE PRODUCCIÓN 68
SUSTO 69
EREAGA OLA URBANA 71
SE ACABA EL FIN DE SEMANA 72
SKATE PARK 73
LA VENTANA 74
MI HEMISFERIO 75
AUGURIO 77
TRATA DE OLVIDARLO 78
LETANÍA 79
ASÍ LAS COSAS 80
CONJETURAS SOBRE LA ALEGRÍA 81
TEXTURA 82
CALMA (EPÍLOGO) 83

Este libro se terminó de editar en Granada
en agosto de 2024 por

www.aliarediciones.es

info@aliarediciones.es